TABLEAU

DES

PERSONNES INTERDITES

OU POURVUES DE CONSEIL JUDICIAIRE

DANS L'ARRONDISSEMENT DU MANS.

LE MANS

IMPRIMERIE MONNOYER, PLACE DES JACOBINS, 12.

1856

A

NOMS.	PRÉNOMS.	QUALITÉS.	DEMEURES.
ADET	Julienne-Louise	Fileuse	*Saint-Jean-d'Assé, détenu à l'Asile*
ANGOULVENT	Gabriel	Sans profession	*Le Mans*
ANFRAY	Adrien-Hippolyte	Propriétaire	*Le Mans*
AUBIN	Julien	Ex-garçon boulanger	*Changé, détenu à l'Asile*
AUBERT	Michel	Domestique	*Saint-Pavin-des-Champs*

A

DATES DES JUGEMENTS			DÉCÈS.	CONSEILS JUDICIAIRES.	*OBSERVATIONS.*
NTERDICTION.	DE NOMINATION DES CONSEILS JUDICIAIRES.	DE MAINLEVÉES.			
mai 1839....					
avril 1843....					
	20 octobre 1847..		16 mars 1856....	Me Ravasé, notaire à Lavardin.	
novembre 1854.					
août 1829....					

B

NOMS.	PRÉNOMS.	QUALITÉS.	DEMEURES.
BIGNON	Claude	Cultivateur	*Courcemont*
BARRIER, D^lle	Françoise		*Détenue à la maison d'arrêt*
BRAULT, Ve NOUVELLIÈRE	Angélique	Propriétaire	*Amné*
BRINDEJONC	jugement du 4 avril 1808, qui	ordonne la nomination	d'un curateur pour gérer et administrer les
BOURCQUE dit TIRACHE, D^lle	Renée-Jeanne	Propriétaire	*Le Mans*
BÉRARD, D^lle	Marie-Renée-Thérèse	Propriétaire	*Pontlieue*
BOBIN, D^lle	Victoire-Renée-Perrine	Propriétaire	*Conlie*
BRIOLAY	Marin	Cultivateur	*Mézières*
BLANCHET	Pierre	Sans profession	*Notre-Dame de Torcé*
BLOT, Ve AUGER	Louise	Fileuse	*Le Mans, détenue depuis*
BELLANGER, Ve PÉAN	Marie		*Le Mans*
BIGOT	Louis	Cultivateur	*Savigné-l'Évêque*
BLIN, Ve SARGEUL	Françoise	Propriétaire	*Le Mans*
BOURGES, Ve CHENON-DESVARENNES	Louise	Propriétaire	*Le Mans*
BROUTÉE, D^lle (sourde-muette)	Anne	Sans profession	*Savigné, detenue à l'hospice des prisons*
BOTTET	Pierre		*Mont-Saint-Jean*
BARBIER, Ve LEMARCHAND, Louis	Jacquine		*Le Mans*
BOITARD, Père	Hubert		
BARBEU-DUBOURG-DUROCHER	Victor	Propriétaire	*Le Mans*
BOUVET, Ve BOURQUE DE L'ÉTANG	Geneviève		*Sillé-le-Guillaume*
BOULARD	Louis	Sans profession	*Ecommoy*
BIGNON, Ve HULOT	Louise	Sans profession	*Le Mans*
BAUDOUX	Julien-René	Propriétaire	*Le Mans*
BEUCHER		Journalier	*Montreuil-le-Chétif*
BUSSON	Joseph	Cultivateur	*Montfort*
BESNARD	Cécile	Ouvrière	*Le Mans*
BOURDAIS	Félicité	Ouvrière	*Le Mans*
BARRIER	Louise-Marie	Sans profession	*Le Mans*
BRETON	Claude-Jean	Curé de la paroisse de	*Savigné-l'Évêque*
BOUILLON	Julien	Cultivateur	*La Suze*
BONHOMMET	Julienne	Sans profession	*Yvré-l'Évêque*
BEAUCLAIR	Antoine		*Brette*
BLOT, D^lle	Angélique	Sans profession	*Ballon*

B

DATES DES JUGEMENTS D'INTERDICTION.	DATES DES JUGEMENTS DE NOMINATION DES CONSEILS JUDICIAIRES.	DATES DES JUGEMENTS DE MAINLEVÉES.	DÉCÈS.	CONSEILS JUDICIAIRES.	*OBSERVATIONS.*
15 prairial an XII.					
13 thermid. an XII					
	3 thermid. an XIII			André Marteau, sacriste de l'église d'Amné.	
biens de Brindejonc	condamné aux trav. forcés.				
	17 novembre 1808			M. Hourdel, notaire.	
26 décembre 1808					
13 juin 1809.....					M. Lemesle, maire de Tennie, administrateur provisoire.
26 février 1810...					
25 juillet 1810 ...					
er jugem. 23 juillet 1811. e jugement 5 mai 1823..					
11 août 1812					
8 août 1813					
4 mars 1815....					
	20 mars 1816....			François-Louis Bigot, son frère, propriétaire à Evron.	
7 décembre 1816					
jugem. 3 déc. 1816. . jugem. 19 avril 1817.					
3 mai 1817.....					
3 juillet 1819 ...					
	30 mars 1822....	3 août 1830....		M. Menard de la Bloterie, propriétaire au Mans.	
	3 avril 1824			M. Duval, Jacques, propriétaire à Sillé-le-Guillaume.	
9 novembre 1825	1er juillet 1826..			Gorget, Michel, propriétaire à Yvré-le-Pôlin.	Gorget, ancien boulanger, aujourd'hui propriétaire à Yvré-le-Pôlin, nommé admin. provis.
2 août 1826					
2 mai 1827.....					M. Marie-Louis-Julien Baudoux, pharmacien, tuteur de son fils.
6 juillet 1829 ...					
7 juillet 1830 ...					
7 juillet 1830 ...					
4 août 1830					
4 août 1830					
4 août 1830					
1 mai 1831.....					
9 juillet 1831 ...					
0 août 1834					
6 décembre 1834					

B

NOMS.	PRÉNOMS.	QUALITÉS.	DEMEURES.
BORÉ	Anne	Propriétaire	*Fillé.*
BEUNAICHE-LACORBIÈRE, D[lle]	Eugénie	Pensionnaire chez les dames de la Miséricorde.	*Seez*
BOULANGER, D[lle]	Joséphine	Sans profession	*Saint-Remy*
BLEU, Ve BERGER	Marie	Propriétaire	*Saint-Mars-d'Outillé*
BECONNAIS	Firmin	Propriétaire	*Asile de la Sarthe*
BARBIN, Ve GAGNOT	Gabrielle	Le mari ancien tonnelier.	*Le Mans*
BESNARD	Julien	Jardinier	*Saint-Pavin, détenu à l'Asile*
BEAUNÉE	Julien-Etienne	Journalier	*La Suze*
BUON	Julien	Propriétaire, cultivateur	*Domfront*
BUON	Mathurin	Sans profession	*Sainte-Sabine*
BLIN	Louis	Cultivateur	*Détenu à l'Asile*
BODARD, Fils	Elzéard-Pierre-François	Propriétaire	*Sillé-le-Guillaume*
BUON	Julien-Hilaire	Propriétaire	*Le Mans*
BERGER	Auguste	Aubergiste	*Montfort*
BRILLATZ	Jean	Propriétaire	*Le Mans*
BAUSSAN	Calixte	Propriétaire	*Champagné*
BLIN	Pierre		*Coulaines*
BOURGES, F[me] BLIN	Marie	Journalière	*Ruaudin*
BLIN	Louis	Journalier	*Teloché*
BOUET (Sourd-Muet)	Julien	Propriétaire	*Rouez-en-Champagne*
BOUVET, D[lle]	Louise	Propriétaire	*Chemiré-le-Gaudin*
BLAVETTE	Auguste	Propriétaire	*La Guierche*
BESNARD, D[lle]	Françoise	Sans profession	*Auvers-sous-Montfaucon*
BEURY, D[lle]	Scholastique-Marguerite	Propriétaire	*Fillé-Guécélard*
BOUDET	Marie-René-Émile	Licencié en droit	*Le Mans*
BODEREAU, Fils	Arsène	Soldat au 1er régiment de chasseurs d'Afrique.	*Le Mans*
BLIN	Louis	Sellier et artilleur au 8e régiment d'artillerie.	*Le Mans*
BARRIER	Michel-Fréderic	Sans profession	*Pontlieue*
BOULANGER, Ve TOURTEAU	Victoire	Propriétaire	*Sillé-le-Guillaume*
BUSSON, Fils	Auguste-Josias	Sans profession	*Le Mans*
BENOIST, Fils	Isidore	Cabaretier	*Le Mans*
BLISSON	Ferdinand-Gabriel-François	Sans profession	*Sainte-Croix*
BODINIER, Fils	Emile Eugène	Sans profession	*Le Mans*

B

DATES DES JUGEMENTS			DÉCÈS.	CONSEILS JUDICIAIRES.	*OBSERVATIONS.*
D'INTERDICTION.	DE NOMINATION DES CONSEILS JUDICIAIRES.	DE MAINLEVÉES.			
14 novembre 1835.					
2 août 1836....					
24 décembre 1836.					
20 mars 1837....					
22 juillet 1837...					
2 juin 1838.....					M. Piédor, administrateur provisoire.
11 mai 1839.....					
31 août 1841....					
26 février 1842...					Arrêt de la Cour Royale d'Angers, 11 avril suiv.
28 février 1842...					
4 juin 1842....					
	25 octobre 1843..	10 décembre 1850.		M. Mascarel, docteur-médecin à Brûlon.	
6 janvier 1844..					Mme Buon nommée administratrice provisoire.
	8 juin 1844.....			M. Richard-Duclos, propriétaire à Torcé.	
9 novembre 1844.					
8 mars 1845....					
6 juin 1846.....					Le sieur Choplin, cultivateur au Mans, nommé curateur.
	25 juillet 1846...			Vivet, tisserand, cultivateur à Theloché.	
	25 juillet 1846...				
					23 février 1847, jugement qui nomme pour administrateur provisoire le sieur Poirier. Il sera ultérieurement statué sur l'interdiction.
24 juillet 1847...					
	21 août 1847....			Treton, son oncle, propriétaire à Souillé.	26 juillet 1846, arrêt de la Cour d'Angers, qui confirme le jugement du 21 août 1847.
11 janvier 1848..					
27 février 1849...					M. Brury père, administrateur provisoire.
8 mai 1849.....	30 juillet 1842...			M. Lecouteux, avoué au Mans.	Comme on le voit, l'interdiction a suivi la nomination du conseil judiciaire.
	17 juillet 1849...			M. Salmon, propriétaire au Mans.	
	13 février 1850...			Me Chevalier, avoué au Mans.	
16 avril 1850....					
9 avril 1851....					
	14 janvier 1852...			Me Dubin, notaire au Mans.	18 juillet 1859, jugement qui rejette la demande en mainlevée.
	27 avril 1852....			M. Marin Thibault, cult. au Mans.	
	25 janvier 1853..			M. Lefaucheux, propr. au Mans.	21 juin 1854, jugement qui nomme Me Latouche, avoué, au lieu de M. Lefaucheux, démissionaire.
	1er mars 1853...			Me Hémon, avoué au Mans.	

B

NOMS.	PRÉNOMS.	QUALITÉS.	DEMEURES.
BEAUCE, F^me^ LANDEAU	Louise	Propriétaire	*Le Mans*
BARRÉ, D^lle^	Marie	Sans profession	*Coulaines*
BIGNON, Fils	Pierre	Boulanger	*Loué*
BELLOT	René-Progénitif-Désiré	Propriétaire	*La Suze*

B

DATES DES JUGEMENTS			DÉCÈS.	CONSEILS JUDICIAIRES.	*OBSERVATIONS.*
D'INTERDICTION.	DE NOMINATION DES CONSEILS JUDICIAIRES.	DE MAINLEVÉES.			
3 janvier 1854 ..					M. Lecorney, greffier, nommé administrateur provisoire.
24 décembre 1854					
	13 mars 1855....			Bignon père, boulanger à Loué.	
	25 juillet 1855...			Me Dolbeau, avoué au Mans.	

B

NOMS.	PRÉNOMS.	QUALITÉS.	DEMEURES.

B

DATES DES JUGEMENTS			DÉCÈS.	CONSEILS JUDICIAIRES.	*OBSERVATIONS.*
D'INTERDICTION.	DE NOMINATION DES CONSEILS JUDICIAIRES.	DE MAINLEVÉES.			

C

NOMS.	PRÉNOMS.	QUALITÉS.	DEMEURES.
CHEVALIER	Pierre	Cultivateur	*Saint-Mars-sous-Ballon*
COURCITÉ	Mathieu	Sans profession	*Détenu à l'hospice*
CHAUSSUMIER	René	Laboureur	*Trangé*
CHARPENTIER	Louis	Ancien rec. des consign.	*Le Mans*
CARRIE, F^{me} PLISSON	Renée	Cultivatrice	*Montfort*
CHEDOR	Jacquine	Sans profession	*Mezières*
CRESPIN-LAFUTAYE, Fils			*Le Mans*
CHEVEREAU, D^{lle}	Henriette-Jeanne	Propriétaire	*Le Mans*
CHANTOISEAU	Julien	Marchand de porcs	*Brettes*
CADIEUX	Louise	Journalière	*Saint-Symphorien*
CHEREAU, D^{lle}	Anne-Perrine	Sans profession	*Le Mans*
CORMIER	Jean	Cultivateur	*Coulans*
CHIRON	Jean		*Ecommoy*
CHEVALIER	Julien	Journalier	*Le Mans*
COUPELLE, D^{lle}	Jeanne	Rentière	*Le Mans*
CARRÉ, Ve LEBATTEUX	Marie-Louise		*Le Mans*
COURVARAIN, F^{me} RENARD	Madelaine-Rosalie	Le mari, ancien pharm.	*Ballon*
CATTOIS	Julien-Pierre	Sans profession	*Le Mans*
CATTOIS	Pierre-Louis-Marin	Marchand de porcs	*Le Mans*
CHEDOR	Ambroise	Sans profession	*Crissé*
COULOMBU-DUPLESSIS	Alphonse	Propriétaire	*Le Mans*
COUASNON	Charles	Ex-huissier	*La Suze*
CHAUDRON, Ve THUREAU	Marie-Anne	Propriétaire	*Parigné-le-Pôlin*
COCHER	Noël	Propriétaire	*Rouez*
CORDEAU, D^{lle}	Madelaine	Propriétaire	*La Bazoge*
COURIOT, F^{me}, séparée de corps de PRÉAUBERT, Hélie-Louis, propr. à Vion.	Marie-Françoise	Propriétaire	*Sablé, détenue à l'Asile*
CAMUS, D^{lle}	Louise-Joséphine	Sans profession	*Le Mans*
CORNU DE VILLERS, D^{lle}	Marie-Laure	Sans profession	*Etablissement de la Providence au* [illegible]
CIRON, Ve BOURGETEAU	Anne	Propriétaire	*Saint-Célerin*
CHALONNEAU	Emile	Etudiant en pharmacie	*Sillé-le-Guillaume*
CELLIER	Jules	Propriétaire	*Tours, puis Le Mans*
COULOMBU-DUPLESSIS	Guillaume-Etienne	Sans profession	*Le Mans*
CORBION, Ve FURET	Anne-Marie	Propriétaire	*Pont-de-Gennes*

C

DATES DES JUGEMENTS D'INTERDICTION.	DE NOMINATION DES CONSEILS JUDICIAIRES.	DE MAINLEVÉES.	DÉCÈS.	CONSEILS JUDICIAIRES.	*OBSERVATIONS.*
4 prairial an XI. .					
2 nivôse an XIV.					
3 nivôse an XIV.					
4 janvier 1806. .					
4 août 1806. . .					
3 juin 1808. . .					
7 janvier 1817. .					M. POITIER, administrateur provisoire, nommé par jugement du 31 août 1816.
4 août 1821. . .					
mars 1826. . .					Sa femme, administratrice provisoire.
8 mars 1829. . .					
6 mai 1829 . . .					
7 avril 1830. . .					
juin 1830. . .					
7 janvier 1832. .					Le Sr CHEVALIER, journalier à Savigné-l'Évêque, tuteur.
avril 1832. . .					
août 1833. . .					
juillet 1834. .					
3 mars 1840. . .	25 août 1840. . .			M. Pierre-Franç.-Nicolas CATTOIS, propriétaire au Mans.	
	29 mai 1841. . .			M. DUGRIP, avocat, au Mans.	
juillet 1842. .					
février 1843. .					
août 1843. . .					
	15 juin 1844. . .			Me ROGER, notaire à Étival.	
août 1845. . .					
mai 1847. . .	22 juillet 1851. .	12 juillet 1854. . .		M. Le BÈLE, père, expert à la Bazoge.	
août 1847. . .					
	1er février 1848. .			Me DELORME, notaire au Mans.	5 février 1848, jugement qui nomme Pierre CAMUS, propriétaire à Saint-Pavin-des-Champs, au lieu de M. DELORME, qui a refusé.
juin 1848. . .					Me GRANDMAISON, avocat, administrateur provisoire.
novembre 1848.					
	10 décembre 1851.	14 août 1855. . .		Me BACHELIER, notaire à Sillé-le-Guillaume.	
	23 mars 1852. . .			Me LELASSEUX, avoué au Mans.	
	1er août 1854 . .			M. René-Constant DURAND, propriétaire à Sablé.	
février 1855. .					

C

NOMS.	PRÉNOMS.	QUALITES.	DEMEURES.
CATTOIS, Fils	René-Adrien	Cultivateur.	*La Guierche*
COMPAIN, Dlle	Anne	Sans profession.	*Le Mans.*

C

DATES DES JUGEMENTS			DÉCÈS.	CONSEILS JUDICIAIRES.	*OBSERVATIONS.*
'INTERDICTION.	DE NOMINATION DE CONSEILS JUDICIAIRES.	DE MAINLEVÉES.			
avril 1855. . .					
	1er août 1855 . .			Me LATOUCHE, avoué.	

D

NOMS.	PRÉNOMS.	QUALITÉS.	DEMEURES.
DOITEAU	François	Cultivateur	*Parigné-l'Évêque*
DELAHAYE, Ve BLANCHARD	Marie	Propriétaire	*Le Mans*
DAVID	Christophe-Jean	Fabricant d'étamines	*La Suze*
DOISTEAU	René-Marie-Julien	Propriétaire	*La Bazoge*
DILLÉ, D^{lle}	Renée	————	*Mulsanne*
DENIAU, F^{me} HARDY	Marguerite	————	*Le Mans*
DESROCHES, D^{lle}	Anne	————	*Le Mans*
DUCLOS	Pierre-Gaspard	Sabotier et tisserand	*Le Mans*
DUBOIS, Ve CHARTIER	Marie	————	*Neuvillalais*
DE TAFFU de Coudereau, v^{e} C. de Vanssay	Armande	Propriétaire	*Le Mans*
DENÉ	Antoine	Cultivateur	*Château-du-Loir*
DAUNY	Madelaine	Journalière	*Rouillon*
DE TUCÉ, D^{lle}	Marie-Louise	Propriétaire	*Le Mans*
DESGRANGES	Jacques	Charpentier	*Le Mans*
DUTERTRE	Véronique-Marie	————	*Sillé-le-Philippe*
DALIVOUX	Françoise	Journalière	*Mézières*
DERRÉ	Marie	————	*Ecommoy*
DREUX	Louis-René-Marie	Propriétaire	*Le Mans*
DENIAU, Ve François PROVOST	Françoise	Propriétaire	*Le Mans*
DE MEZIÈRES	Charles-Édouard-Laurent	Propriétaire	*Sainte-Croix*
DREUX, D^{lle}	Anne	Domestique	*Le Mans, détenue à l'Asile*
DUBOIS	Jeanne	Sans profession	*Crannes*
DUTERTRE	Pierre-Louis-Jules	Propriétaire	*Le Mans*
DUBOIS-TESLIN-DUBEL	Henri-Gustave	Propriétaire	*Alençon, résidant à Saint-Jean-d'A*
DEFORGE, D^{lle}	Éléonore-Louise	Propriétaire	*Le Mans*
DROUET, D^{lle}	Françoise	Propriétaire	*Neuville*
DIANA, F^{me} HERMANGE	Suzanne	Propriétaire	*Le Mans*
DE MORAND, Fils	Ferdinand	Propriétaire	*Le Mans*
DUMESNY, Fils	Henri	Propriétaire	*Asile de la Sarthe*
DORIZON	Jean	Cultivateur	*Mont-Saint-Jean, détenu à l'Asile*
DIARD dit LANGEVIN	Julien	Ex-maréchal et cultivat.	*Crissé*
DIARD dit LANGEVIN	Jean	Ex-m^{d} de dentelles	*Le Mans*
DE TUCÉ, D^{lle}	Mélite	Propriétaire	*Le Mans*

D

DATES DES JUGEMENTS			DÉCÈS.	CONSEILS JUDICIAIRES.	*OBSERVATIONS.*
D'INTERDICTION.	DE NOMINATION DES CONSEILS JUDICIAIRES.	DE MAINLEVÉES.			
16 pluviôse an XII					
12 février 1807...					
		21 août 1809....			Ni le jugement de mainlevée de Conseil judiciaire ni l'interrogatoire subi le même jour ne relatent le premier jugement, qui doit remonter à une date éloignée.
	21 août 1809....			Me Hourdel, notaire.	
1er septembre 1809		22 août 1810....			
25 juillet 1810...					
23 juillet 1811...					
23 juillet 1811...					
19 juin 1821.....					
27 avril 1824....					
20 juin 1829.....					
4 août 1829....					
2 mars 1830....					
20 juin 1830....					
18 juillet 1830...					
14 août 1830....					
24 août 1833....					
22 août 1835....					
27 août 1836....					
29 décembre 1838.					
5 janvier 1839..					
11 août 1840....					
	12 octobre 1842..	25 février 1845...		M. Guiard, Jules-Michel, chef de bureau à l'état civil du Mans.	
	31 mars 1845....			M. Duchesne de la Sicottière, avocat à Alençon.	
26 juillet 1845...					
30 mars 1847....					
18 décembre 1847.					
	21 janvier 1851..			Me Raguideau, notaire au Mans.	
24 juin 1851.....					
29 juillet 1851...					
	20 juillet 1852...			M. Diard dit Langevin, propriétaire et maréchal à Crissé.	
	1er août 1854....			M. Diard dit Langevin, père, propriétaire au Mans.	
19 juin 1855.....					Ce jugement confirme à Me Lecorney, greffier du Tribunal, les fonctions d'administrateur provisoire conférées par jugement du 13 mai 1855.

D

NOMS.	PRÉNOMS.	QUALITÉS.	DEMEURES.
DEGAILLE........................	Etienne..................	Ancien conducteur des Ponts et Chaussées.	*Le Mans, détenu à l'Asile*............

D

DATES DES JUGEMENTS			DÉCÈS.	CONSEILS JUDICIAIRES.	*OBSERVATIONS.*
D'INTERDICTION.	DE NOMINATION DES CONSEILS JUDICIAIRES.	DE MAINLEVÉES.			
4 mars 1856....					

E

NOMS.	PRÉNOMS.	QUALITÉS.	DEMEURES.

E

DATES DES JUGEMENTS			DÉCÈS.	CONSEILS JUDICIAIRES.	*OBSERVATIONS.*
D'INTERDICTION.	DE NOMINATION DES CONSEILS JUDICIAIRES.	DE MAINLEVÉES.			

F

NOMS.	PRÉNOMS.	QUALITÉS.	DEMEURES.
FAY	Etienne	Jardinier	*Détenu à l'hospice*
FOURMY, F^me LEFAUCHEUX	Françoise	Le mari, militaire retr.	*Le Mans*
FAUTRAT	Pierre-René-Charles	Ex-instituteur	*Le Mans*
FAY	Jean-François	Propriétaire	*Savigné-l'Évêque*
FOURNIER	René	Cultivateur, propriétaire	*Saint-Mars-d'Outillé*
FOSSET	Julien	Propriétaire	*Le Mans*
FAY	Etienne	—	*Souligné-sous-Vallon*
FONTAINE	Michel	Sans profession	*Saint-Célerin*
FORGET, Ve LETOURNEUR	Louise	—	*Savigné-l'Évêque*
FOUCAULT	Nicolas	Cultivateur	*Neuvillalais*
FOUCAULT, D^lle	Louise	Sans profession	*Neuvillalais*
FOUCAULT, D^lle	Jacquine	Sans profession	*Neuvillalais*
FROGER	Pierre	Ancien jardinier	*Dehors du Mans*
FISSON, Fils	Henri	Propriétaire	*Le Mans*
FRÉARD, Ve GAULUPEAU	Renée	Cultivatrice	*La Suze*
FOUINEAU, Fils	Etienne	Domestique	*Ecommoy*
FOUQUERAY, Fils	Pierre	Cultivateur	*Laigné-en-Belin, puis Mansigné*

F

DATES DES JUGEMENTS			DÉCÈS.	CONSEILS JUDICIAIRES.	*OBSERVATIONS.*
D'INTERDICTION.	DE NOMINATION DES CONSEILS JUDICIAIRES.	DE MAINLEVÉES.			
1er juillet 1806..		13 mai 1807.....			
14 août 1807....					
31 octobre 1809..					
	8 juillet 1820 ...			Me MANGUIN, notaire à Ballon.	
30 août 1823	6 août 1836			M. JAMIN, ex-subrogé tuteur.	Le jugement du 6 août 1836 nomme un conseil judiciaire et fait mainlevée de l'interdiction.
19 avril 1825					
30 juin 1827.....					
24 août 1833....					
28 décembre 1839.					Le sieur Paul FORGET, nommé tuteur.
28 mars 1840....					
28 mars 1840....					
28 mars 1840....					
29 août 1840					
	6 février 1844...			Me RAVASÉ, notaire à Lavardin.	
17 juin 1851.....					M. Hippolyte FRÉARD, cultivateur à Roizé, administrateur provisoire.
	25 novembre 1851			M. MORANÇAIS, François-Jacques, propriétaire à Ecommoy.	
	18 mai 1853.....			FOUQUERAY père, propr. à Laigné.	

G

NOMS.	PRÉNOMS.	QUALITÉS.	DEMEURES.
GANEAU, D[lle]	Louise	Sans profession	*Le Breil*
GUEDON, D[lle]	Marie-Louise	Sans profession	*Ballon*
GOUHIER	Julien		
GESLIN, D[lle]	Madelaine	Propriétaire	*Le Mans*
GIRARD	André-Daniel	Propriétaire	*Le Mans*
GORMIER, D[lle]	Eulalie	Propriétaire	*Le Mans*
GUIET, F[me] PÉAN	Madelaine	Cultivatrice	*Yvré*
GUIET	Julien	Tisserand	*Parigné-le-Pôlin*
GUIET, D[lle]	Anne	Propriétaire	*Le Mans*
GHÉERBRANT	Pierre-Thimothée	Empl. à la Bibl. de Paris	*Le Mans*
GOUIN, Fils	René	Cultivateur	*Tennie*
GOURMY	Joseph	Maçon	*Le Mans, détenu à l'Asile*
GUITTET	Joseph	Sans profession	*Vallon*
GARNIER, Fils	Etienne	Marchand de verre	*Sainte-Croix*
GUITTET	Jean	Cultivateur	*Roizé*
GUIET	Louis-Désiré	Propriétaire	*Changé*
GALPIN	Jean-Baptiste	Sans profession	*Le Mans*
GAYET	Louis	Cultivateur	*Montbizot*
GAUVAIN-DURANCHER	Charles-Henri	Propriétaire	*Le Mans*
GASNIER	Pierre-François	Cultivateur	*Savigné-l'Evêque*
GUITTET	Pierre	Propriétaire, cultivateur	*Longnes*
GUY, Fils	Eugène-François-Honoré	Sans profession	*Sainte-Croix*
GUIARD, Fils	Julien-Léon	Sans profession	*Sainte-Croix*
GODEFROY	Auguste	Propriétaire	*Le Mans, Asile de la Sarthe*
GUICHARD	Frédéric	Négociant	*Le Mans*
GRAVIER	Alphonse	Expert	*Le Mans*

G

DATES DES JUGEMENTS			DÉCÈS.	CONSEILS JUDICIAIRES.	*OBSERVATIONS.*
D'INTERDICTION.	DE NOMINATION DES CONSEILS JUDICIAIRES.	DE MAINLEVÉES.			
8 avril 1807....					
1 décembre 1810					
8 février 1812...					
					17 juin 1817, jugement qui nomme pour administrateur provisoire Me Fouret, notaire au Mans.
6 juillet 1817 ...					
1 janvier 1820........ août 1828...........					
8 avril 1823. ...					
4 août 1833.....		25 août 1852...			
7 septembre 1835					
5 juin 1836....					
1 juillet 1838 ...					
1 mai 1839....					
8 novembre 1840					
5 décembre 1840		18 mars 1845....			
3 décembre 1842					
	14 février 1846...	23 juillet 1850...		M. Chartier, maire de Changé.	
	30 mai 1846.....			M. Félix Crochard, son oncle.	
3 juillet 1850 ...					
	1er avril 1851...			Me Dorize, huissier au Mans.	
	3 août 1852....			Me Aucerne, notaire à Savigné-l'Evêque.	
2 avril 1853....	31 août 1853....			Me Bouchevereau, notaire à Coulans.	Le jugement du 12 avril 1853 se trouve réformé.
	26 avril 1853....			Me Hémon, avoué au Mans.	
	16 mai 1854.....			Me Richard, avocat au Mans.	
1er août 1854...					M. Leconney, greffier du Tribunal, administrateur provisoire.
0 janvier 1855 ..					
	30 janvier 1856...			M. Gravier, François, propriétaire et cultivateur à Nouans, son père.	

G

NOMS.	PRÉNOMS.	QUALITÉS.	DEMEURES.

G

DATES DES JUGEMENTS D'INTERDICTION.	DE NOMINATION DES CONSEILS JUDICIAIRES.	DE MAINLEVÉES.	DÉCÈS.	CONSEILS JUDICIAIRES.	*OBSERVATIONS.*
18 avril 1807....					
11 décembre 1810					
8 février 1812...					
					17 juin 1817, jugement qui nomme pour administrateur provisoire Me Fouret, notaire au Mans.
26 juillet 1817 ...					
4 janvier 1820........ 30 août 1828..........					
8 avril 1823. ...					
24 août 1833.....		25 août 1852...			
17 septembre 1835					
25 juin 1836....					
21 juillet 1838 ...					
11 mai 1839....					
28 novembre 1840					
5 décembre 1840		18 mars 1845....			
13 décembre 1842					
	14 février 1846...	23 juillet 1850...		M. Chartier, maire de Changé.	
	30 mai 1846.....			M. Félix Crochard, son oncle.	
23 juillet 1850 ...					
	1er avril 1851...			Me Dorize, huissier au Mans.	
	3 août 1852....			Me Aucerne, notaire à Savigné-l'Evêque.	
12 avril 1853....	31 août 1853....			Me Bouchevereau, notaire à Coulans.	Le jugement du 12 avril 1853 se trouve réformé.
	26 avril 1853....			Me Hémon, avoué au Mans.	
	16 mai 1854.....			Me Richard, avocat au Mans.	
1er août 1854...					M. Lecorney, greffier du Tribunal, administrateur provisoire.
30 janvier 1855 .					
	30 janvier 1856...			M. Gravier, François, propriétaire et cultivateur à Nouans, son père.	

G

NOMS.	PRÉNOMS.	QUALITÉS.	DEMEURES.

G

DATES DES JUGEMENTS			DÉCÈS.	CONSEILS JUDICIAIRES.	*OBSERVATIONS.*
D'INTERDICTION.	DE NOMINATION DES CONSEILS JUDICIAIRES.	DE MAINLEVÉES.			

H

NOMS.	PRÉNOMS.	QUALITÉS.	DEMEURES.
HOUDEBERT	Eutrope	Prêtre	*Le Mans*
HUET, F^me^ VANNIER	Marie	—	*Le Mans*
HERVÉ	François-Julien	Boucher	*Le Mans*
HERISSÉ, D^lle^	Françoise	Sans profession	*Détenue*
HAMON, D^lle^	Françoise	Sans profession	*Neuvillette*
HUPIER	Hippolyte	Anc. recev. d'enregistr.	*Le Mans*
HAENTJENS	Hippolyte-Henri	Propriétaire	*Le Mans*
HAMELIN, Fils	François	Propriétaire	*Parigné-l'Évêque*
HERVÉ	Pierre	Propriétaire	*La Bazoge*
HODEBOURG	Jean-Baptiste	Propriétaire	*Le Mans*
HAVOIS, Fils	René-François	Sans profession	*Le Mans*
HÉLIX	Charles	Propriétaire	*Maison des aliénés de Caen*
HÉLIX, D^lle^	Cécile	Propriétaire	*Maison des aliénés de Caen*

H

DATES DES JUGEMENTS			DÉCÈS.	CONSEILS JUDICIAIRES.	*OBSERVATIONS.*
D'INTERDICTION.	DE NOMINATION DE CONSEILS JUDICIAIRES.	DE MAINLEVÉES.			
27 octobre 1806..					
26 octobre 1811..					
	23 mai 1812.....			M. PERROTIN-GRANDVILLE.	
4 décembre 1813.					
30 décembre 1817.					
27 août 1836....					
	29 août 1848....			M. LAVALLÉE, directeur de l'Ecole centrale, demeurant à Paris.	
29 août 1848....					
13 décembre 1848.				M. René LE BÊLE, expert à la Bazoge, ensuite M. Justin-Louis LE BÊLE.	Arrêt de la cour d'appel d'Angers, du 21 mars 1849, duquel il résulte que M. René LE BÊLE, expert à la Bazoge, a été nommé conseil judiciaire — 7 mars 1854, jugement qui nomme M. Justin-Louis LE BÊLE en remplacement de M. René Le Bêle, décédé.
19 novembre 1850.					
	18 février 1851...			MILORY, Charles, propr. au Mans.	
22 février 1854...					M. CHARDON, marchand de fer au Mans, nommé administrateur provisoire.
22 février 1854...					Le même nommé aux mêmes fonctions.

J K

NOMS.	PRÉNOMS.	QUALITÉS.	DEMEURES.
JARRY, D[lle]	Françoise-Marie.		*Le Mans.*
JOUSSE, F[me] LEMOINE	Marie.		*Le Mans.*
JUPIN	Ambroise, garçon majeur.		*Saint-Georges-du-Bois.*
JAROSSAY, Ve CLOSIER	Françoise.		*Pontlieue.*
JAHARD-LA-FORÊT, F[me] LELIÈVRE, Augustin.	Jeanne-Anne-Marie.	Marchande de drap.	*Sillé-le-Guillaume.*
JANVIER	Mathurin.	Sans profession.	*Sillé-le-Guillaume.*
JANVIER	Marie-Anne.	Journalière.	*Crannes.*
JULIARD, V[e] 1[o] du s[r] BOULARD, 2[o] du sieur POUSSET, ex huissier.	Marie.	Propriétaire	*Le Mans.*
JOUSSE	Pierre-François.	Sans profession.	*Sillé-le-Philippe.*
JOLLIVET	Cyprien.	Sans profession.	*Le Mans.*
JARDIN, F[me] GUIBÉ	Adelaïde-Pélagie.	Propriétaire	*Le Mans.*
JUPIN	Auguste-Paul.	Propriétaire	*Sainte-Croix.*
JOUYE, Fils	Marc.	Sans profession.	*Loué.*
KRONS, Ve HATTON DE LA GOUPILLIÈRE	Marie-Elisabeth.	Propriétaire	*Le Mans.*

DATES DES JUGEMENTS			DÉCÈS.	CONSEILS JUDICIAIRES.	*OBSERVATIONS.*
D'INTERDICTION.	DE NOMINATION DES CONSEILS JUDICIAIRES.	DE MAINLEVÉES.			
2e jour complém. an XI.					
13 thermidor an XII					
6 brumaire an XIV					
15 mai 1810 . . .					
28 avril 1827. . .					
	10 mai 1828. . .			M. Duval, juge de paix à Sillé.	
21 mars 1830. . .					
11 janvier 1834. .					
31 juillet 1837. .					
26 décembre 1840	4 avril 1840. . .			M. Boulanger, notaire au Mans.	Comme on le voit, l'interdiction a été prononcée après la nomination d'un conseil judiciaire.
24 mai 1845. . .					
	26 août 1848. . .			Me Hémon, avoué.	28 novembre 1851, jugement qui fait mainlevée du conseil judiciaire.
28 mars 1855. . .					
1 juillet 1835. . .					

L

NOMS.	PRÉNOMS.	QUALITÉS.	DEMEURES.
LEBOURSIER, D[lle]	Marie		*Loué*
LEBEUGLE	Jacques	Cultivateur	*Veaurouzé, dehors du Mans*
LALANDE	Julien		*Saint-Aubin*
LACOUR, Fils	René-Michel	Propriétaire	*Le Mans*
LOUVEL	Jacques-Lattien	Ex-perruquier	*Détenu à l'hospice*
LAUNAY, Ve ROUILLARD	Julienne		*Théloché*
LALANDE	Ambroise-Julien	Cultivateur	*La Bazoge*
LEPROUST	Louis	Boucher	*Le Mans*
LEGEAS, Ve LAUNAY	Madelaine	Journalière	*Coulans*
LEBATTEUX	Madelaine		*Le Mans*
LEBRETON, Fille	Jeanne		*Sans domicile*
LABELLE, D[lle]	Rosalie-Renée		*Aigné*
LALANDE	Pierre-François-Etienne		*Le Mans*
LALANDE	Louis-Pierre		*Le Mans*
LALLIER	Pierre		*Beaufay*
LEGROS	Jean-Jacques	Propriétaire	*Le Mans*
LANGLAIS	Cyprien	Sans profession	*Montfort*
LEMAIRE	François-Michel	Manœuvre maçon	*Le Mans, détenu à l'hospice*
LEROUX	Madelaine	Journalière	*Parigné-le-Pôlin*
LHOMMEAU	Marie	Sans profession	*La Suze*
LECOQ	Mathurin	Sans profession	*Ballon*
LOUCHET	François	Propriétaire	*Le Mans*
LEMEUNIER	Pierre-Ambroise		*Le Mans*
LEFEBVRE, D[lle]	Marie	Sans profession	*Souligné-sous-Vallon*
LEBRUN, D[lle]	Rose-Marthe	Sans profession	*Ballon*
LAUNAY, F[me] DUPUIS, François-Michel	Marie		
LAUNAY	Armand		*Teillé*
LECHÊNE	Jeanne-Marguerite-Désirée	Sans profession	*Marigné*
LEGO	Gilles	Ex-horloger mécanicien	*Le Mans, détenu à l'Asile*
LECUREUL dit DUVIGNEAUX	Pierre	Ex-horloger	*Le Mans, détenu à l'Asile*
LEROY, Fils	Félix	Propriétaire	*Le Mans*
LEPAGE, Ve LEROMAIN	Marguerite	Propriétaire	*Le Mans*
LEFFRAY, Fils	Hippolyte-Marcelin	Propriétaire	*Le Mans*

L

DATES DES JUGEMENTS			DÉCÈS.	CONSEILS JUDICIAIRES.	*OBSERVATIONS.*
D'INTERDICTION.	DE NOMINATION DES CONSEILS JUDICIAIRES.	DE MAINLEVÉES.			
25 vendém. an XII.					
21 frimaire an XII.					
	10 nivôse an XIII.			M. Lecornué, marchand à St-Aubin.	
	11 janvier 1808 ..			Me Hourdel, notaire.	
18 avril 1808					
1er novembre 1809					
25 juillet 1810...					
	26 novembre 1811.			Me Faribault, notaire.	
31 août 1812....					
26 juillet 1813...					
26 juillet 1813 ...					
28 août 1813. ...					
24 janvier 1814 ..					Frères.
24 janvier 1814 ..					
23 mai 1815.....					Pierre Tontevoie, administrateur provisoire.
27 août 1822....					
2 décembre 1823.					
18 novembre 1826					
16 décembre 1826.					
18 août 1827. ...					
26 août 1828....					
5 juin 1830.......... 6 août 1831........ ..					25 mai 1830, jugement qui nomme Me Maricot, notaire au Mans, pour administrateur provisoire. — Jugement du 4 janvier 1831, qui fait mainlevée d'interdiction. — Le jugement du 6 août 1831 prononce de nouveau l'interdiction.
23 avril 1831					
22 juin 1833.....					
30 juillet 1833...					
12 novembre 1833.					
12 novembre 1833.					
29 novembre 1835.					
8 août 1838....					
25 mai 1839.....					
9 mai 1840.....					
14 février 1843...					
	9 mai 1843.....			Me Raguideau, notaire au Mans.	13 novembre 1855, jugement qui nomme Me Hénon au lieu de Me Raguideau.

L

NOMS.	PRÉNOMS.	QUALITÉS.	DEMEURES.
LEGO	Louis-Jacques	Prêtre	*Moulay (Mayenne), puis Le Mans détenu à l'Asile.*
LECHESNE, Père	Louis	Propriétaire	*Marigné*
LEGO, Fils	Louis	Propriétaire	*Sillé-le-Guillaume*
LEMESLE	Etienne	Commis marchand	*Le Mans*
LABELLE, Fils	Pierre-Auguste	Sans profession	*Le Mans*
LANGLOIS	Charles-Ariste	Sans profession	*Le Mans*
LEGRIS de la Pommeraie	Etienne-Gabriel-Aldric	Propriétaire	*Le Mans*
LEMAITRE	Charles	Propriétaire	*Rouez*
LUCE, D[lle]	Rose	Sans profession	*Le Mans*
LENOIR-DUFRESNE, Ve OLLIVIER	Marthe-Armande	Propriétaire	*Sainte-Croix*
LAMBERT, Fils	Prosper-Sylvain	Sans profession	*Torcé*
LEGROS, D[lle]	Hortense	Sans profession	*Le Mans*
LANCELIN	Henri-Platon	Ancien notaire	*Le Mans*
LELIÈVRE, Ve GUITTET	Marguerite	Propriétaire	*Pezé*
LEBOUCHER, Fils	Jacques-Gervais	Ancien boulanger	*Pontlieue*
LUDONNEAU	René	Sans profession	*La Suze*
LORTHON	Louis	Sans profession	*Chassillé*
LEMÉE	Jean-Ferdinand	Ancien boulanger	*Loué*
LETERME	Louis-Gustave	Sans profession	*Le Mans*
LENOIR, Ve LEVRARD-DURONCERAY	Marie	Rentière	*Parigné-l'Évêque*
LETELLIER, Ve FORTIS	Marguerite	Propriétaire	*Le Mans*
LEMERCIER	François	Sans profession	*Saint-Mars-d'Outillé*
LANDEAU	Alexis	Aide de culture	*Spay*

DATES DES JUGEMENTS			DÉCÈS.	CONSEILS JUDICIAIRES.	OBSERVATIONS.
D'INTERDICTION.	DE NOMINATION DES CONSEILS JUDICIAIRES.	DE MAINLEVÉES.			
30 juillet 1844...					
	8 février 1845...			M. Lechesne, cult. et propriétaire à Marigné.	
	26 avril 1845....			M. Chartier, propriétaire à Crissé.	
	3 janvier 1846...			M. Cattois, Jean-Louis, propriétaire au Mans.	
	13 juillet 1847...			M. Dagonnau, juge de paix au Mans	
	21 août 1847....			M. Trouvé-Chauvel, banquier au Mans.	
	6 octobre 1847..			M. Peau-Saint-Martin, avoué.	
	6 février 1849...			Gouin, Napoléon, propr. à Tennie.	
5 février 1850...					Joseph Fournier, relieur au Mans, nommé administrateur provisoire.
	14 mai 1850.....			Boivin, propriétaire à Sainte-Croix.	
	23 juillet 1850....			Me Latouche, avoué.	
30 juillet 1850...					
	7 août 1850....			Me Lacroix, commissaire-priseur.	
29 avril 1851....					
	27 août 1851....			M. Foulard, Mathurin, demeurant au Mans.	31 mai 1854, jugement qui nomme M. Foulard meunier, au Mans, en remplacement de M. Mathurin Foulard, décédé.
21 janvier 1852..					
21 décembre 1852					
	16 mai 1854.....			Le sr Bignon, propriétaire à Loué.	
23 mai 1854....					
	1er août 1854...			Me Touchard, notaire à Parigné-l'Évêque.	
12 décembre 1854					Me Chevalier, avoué, nommé administrateur provisoire.
	21 février 1855...			M. Lemercier, cultiv. à Maigné..	
17 juillet 1855...					

L

NOMS.	PRÉNOMS.	QUALITÉS.	DEMEURES.

DATES DES JUGEMENTS			DÉCÈS.	CONSEILS JUDICIAIRES.	*OBSERVATIONS.*
D'INTERDICTION.	DE NOMINATION DES CONSEILS JUDICIAIRES.	DE MAINLEVÉES.			

M

NOMS.	PRÉNOMS.	QUALITÉS.	DEMEURES.
MASSOT, Fils	Jean, garçon majeur		*Détenu à la Maison d'arrêt*
MARGUERITE dite ROSE	Elle n'est pas autrement connue.	Sans profession	*Sans domicile*
MAUCHIEN, F^me^ MAUTOUCHET	Louise	Sans profession	*Yvré-l'Évêque*
MOULIN	Pierre-Louis	Sans profession	*Crannes*
MORIN	Mathurin	Mendiant	*Cures*
MONTAROU	Julien		
MENARD	Justin		
MONCELET	Urbaine	Sans profession	*Rouëzé*
MENAGER	René	Cultivateur	*Courcebœufs*
MENAGER	Julien		*Mulsanne*
MONCELET	Pauline	Propriétaire	*Le Mans*
MARCEUL	Julien	Propriétaire	*Sainte-Croix*
MONTAROU	François	Propriétaire	*Pontlieue*
MONTAROU, F^me^ FROGER	Anne-Julienne		
MONGAULT, Fils	René	Journalier	*Le Mans*
MERCIER, F^me^ CHEVALIER	Véronique	Cultivatrice	*La Chapelle-Saint-Aubin*
MAZIER, Père	Jacques-Louis	Anc. commissionnaire de roulage à Nantes.	*Le Mans*
MARCILLÉ dit DUPONT	Armand	Aubergiste	*Saint-Georges-du-Plain, détenu à l'Asile*
MUGNIER, D^lle^	Joséphine	Domestique	*Le Mans*
MALITOURNE, D^lle^	Marie-Françoise	Sans profession	*Le Mans*
MOREAU	Vincent-Bernard	Tanneur	*Le Mans, détenu à l'Asile*
MONTGENDRE, F^me^ LEMERCIER	Thérèse	Propriétaire	*Le Mans*
MOISSERON, Fils	Louis	Sans profession	*Le Mans*
MOREAU	Sébastien-Louis	Propriétaire	*Loué, détenu à l'Asile*
MÉDARD	Julien	Ancien menuisier	*Le Mans*
MICHEL, F^me^, séparée de corps, du sieur DE LA GENETTE.	Elmire-Renée-Eulalie	Sans profession	*Le Mans*

DATES DES JUGEMENTS			DÉCÈS.	CONSEILS JUDICIAIRES.	*OBSERVATIONS.*
D'INTERDICTION.	DE NOMINATION DES CONSEILS JUDICIAIRES.	DE MAINLEVÉES.			
22 brumaire an XII					
9 août 1810 .... 6 juillet 1813.........					
9 août 1810					
9 août 1810					
1 août 1812....					
9 août 1818					
2 janvier 1819..					
4 août 1830					
	8 février 1831...			M. ROUSSEAU, Jean-Bapt., propriétaire à Ballon.	
6 février 1833...					
4 juin 1831.....	8 mars 1834....			M. BOURDY, nommé conseil judic.	Autre jugement, du 10 mai 1845, qui nomme le sieur François BOULARD, propriétaire et marchand à Ballon, en remplacement de M. BOURDY, décédé.
8 décembre 1832.					
8 juin 1833					
2 décembre 1833					
	2 août 1834.....	29 novembre 1842.		M. Louis-René COUASNON, cultivateur à Loué.	
	6 août 1836....			Me GOUGEON, avoué au Mans.	
	23 août 1836....			Me JADIN, notaire au Mans.	
0 novembre 1838					
9 août 1840....					
0 mars 1844....					
7 août 1847					
4 novembre 1848					
	30 avril 1850. ...			Me FAMEAU, avoué au Mans.	25 février 1852, jugement qui nomme, en remplacement de Me FAMEAU, le sieur LANDAIS, cultivateur à Pontlieue ; 5 avril 1854, jugement qui nomme M. LEPELLE, marchand épicier au Mans, en remplacement de M. LANDAIS, décédé.
5 avril 1855....					M. LECORNEY, greffier, nommé administrateur provisoire.
	1er mai 1855.....			M. BERGER, père, propr. au Mans.	
	20 juin 1855.....			Me LELASSEUX, avoué au Mans.	

M

NOMS.	PRÉNOMS.	QUALITÉS.	DEMEURES.

DATES DES JUGEMENTS			DÉCÈS.	CONSEILS JUDICIAIRES.	*OBSERVATIONS.*
D'INTERDICTION.	DE NOMINATION DES CONSEILS JUDICIAIRES.	DE MAINLEVÉES.			

N

NOMS.	PRÉNOMS.	QUALITÉS.	DEMEURES.
NÉGRIER DE LA CROCHARDIÈRE.....	René-Louis...............	Propriétaire.........	*Le Mans*.........................
NÉGRIER DE LA CROCHARDIÈRE.....	Jules-Désiré-Zoé...........	Propriétaire.........	—

DATES DES JUGEMENTS			DÉCÈS.	CONSEILS JUDICIAIRES.	*OBSERVATIONS.*
D'INTERDICTION.	DE NOMINATION DE CONSEILS JUDICIAIRES.	DE MAINLEVÉES.			
....	27 mai 1828.....	....	....	M. Charles-Henri GAUVAIN-DURANCHER, propriétaire au Mans.	28 mars 1835, Me SÉVIN, avoué au Mans, en remplacement de M. GAUVAIN, décédé.
....	9 avril 1842....	....	....	Me SÉVIN, avoué au Mans.	

O

NOMS.	PRÉNOMS.	QUALITÉS.	DEMEURES.
OLLIVIER, Ve		Propriétaire..........	*Sainte-Croix*........................

O

DATES DES JUGEMENTS			DÉCÈS.	CONSEILS JUDICIAIRES.	*OBSERVATIONS.*
D'INTERDICTION.	DE NOMINATION DES CONSEILS JUDICIAIRES.	DE MAINLEVÉES.			
	14 avril 1850....			M. Joseph-Adolphe BOIVIN, propriétaire au Mans.	

P

NOMS.	PRÉNOMS.	QUALITÉS.	DEMEURES.
PÉAN, F^me FOUQUET	Madelaine	Journalière	*Changé*
PAUMIER	René	Laboureur	*Tassillé*
PASSE	Louis, garçon		*Domfront*
PELOUAS, D^lle	Françoise	Journalière	*Sargé*
POUPLIN, F^me PANCHER	Anne	Cultivatrice	*Domfront*
PERRAULT	Claude		*Détenu à la maison d'arrêt*
POIRIER	Pierre	Marchand	*Souligné-sous-Ballon*
PIRON, Ve POMMIER, puis épouse CHOUIN	Anne		*Vallon*
PICHARD, D^lle	Marie	Cultivatrice	*Vallon*
POTTIER, D^lle			
PAUMIER, D^lle	Marie-Scholastique		
PETITBON, Ve TRIGER	Madelaine		
POILPRÉ, D^lle	Marie-Jeanne	Propriétaire	*Le Mans*
POILPRÉ	Joseph	Propriétaire	*Le Mans*
PELOUAS, Ve BOUGARD, Julien	Elisabeth		*Le Mans*
PILLARD, D^lle	Marie	Propriétaire	*Ballon*
POUPARD	Etienne	Tailleur de pierres	*Souligné-sous-Ballon*
PADOIS, F^me CHARTIER	Renée		*Vallon, détenue à l'hospice des prisons.*
PAPIN, Ve TUILLIER	Marie-Catherine	Propriétaire	*Le Mans*
PILLON, Perrine, Ve CORNUÉ		Sans profession	*Le Mans*
PERRIÈRE	Etienne	Cultivateur	*Rouezé*
PERRIN	René	Journalier	*Joué-l'Abbé*
POISSON, Ve LENAY, Jean-Baptiste	Marie	Rentière	*Le Mans*
PORTIER	Michel	Sans profession	*Saint-Denis-d'Orques*
POUPARD	Joséphine	Propriétaire	*Le Mans*
PONS	Marcel-Scipion	Anc. profes. de musique	*Le Mans*
PIOGER	René	Cultivateur	*La Bazoge*
POIRIER, D^lle	Sophie	Sans profession	*Le Mans*
PIVRON	Henri-Léon	Propriétaire	*Autrefois à Ste-Croix, ensuite à Pontlie*
PLESSIS, Ve Jean POTTIER	Marguerite		*Le Mans*
PICHEREAU	Etienne	Journalier	*Pontlieue, détenu à l'Asile*
POTTIER dit GRANDMAISON	Françoise-Agathe		*Le Mans*
POURRIAU	Louis	Jardinier	*Sainte-Croix*

P

DATES DES JUGEMENTS			DÉCÈS.	CONSEILS JUDICIAIRES.	*OBSERVATIONS.*
D'INTERDICTION.	DE NOMINATION DES CONSEILS JUDICIAIRES.	DE MAINLEVÉES.			
11 pluviôse an XI.					
21 brum^{re} an XIII.					
9 nivôse an XIV.					
6 février 1810...					
24 avril 1810....					
25 juillet 1810...					
21 juin 1811....					
23 juillet 1811 ...					
22 novembre 1811.					
22 janvier 1814 ..					
29 janvier 1814...					
31 août 1814....					
24 juin 1815....					
12 novembre 1816.					
26 janvier 1817..					
9 février 1822...					Brouté, administrateur provisoire.
4 décembre 1824					
11 avril 1826....					
3 mai 1828....					
28 juillet 1830....					
4 août 1830....					
14 août 1830....					
26 mars 1831....					
	21 août 1832....			M. Fautrat, cultivateur à St-Denis-d'Orques.	
9 mars 1833....					
19 juillet 1834...					
8 mai 1836.....					
22 mai 1838....					
	26 février 1839...			M. Leprince, adjoint au maire du Mans.	
3 avril 1839....					
1 mai 1839.....					Louise Fefeu, femme Pichon, nommée tutrice.
5 juin 1839.....				M. Boulangé, ancien notaire au Mans.	
5 juin 1839.....					

P

NOMS.	PRÉNOMS.	QUALITÉS.	DEMEURES.
POTTIER dit GRANDMAISON, D^lle^......	Agathe....................	Ouvrière...........	*Le Mans*........................
PATTIER-DUPONCEAU..............	Alphonse-Gustave..........	Sans profession.......	*Sainte-Croix*..................
PERRIER-DUBIGNON................	Pierre....................	Prêtre, anc. direct. du Séminaire du Mans.	*Le Mans*........................
PERRINELLE, Fils..................	Henri....................	Sergent d'infanterie de marine.	*Le Mans*........................
POIRIER..........................	Paul-François.............	Propriétaire..........	*Le Mans, détenu à l'Asile*.........
PASSE............................	François.................	Cultivateur..........	*Changé*........................
PAPILLON, F^me^ LEBATTEUX...........	Louise....................	Propriétaire..........	*Le Mans*........................
PINOT, D^lle^.........................	Anne.....................	Sans profession.......	*Le Mans*.......................

P

DATES DES JUGEMENTS			DÉCÈS.	CONSEILS JUDICIAIRES.	*OBSERVATIONS.*
D'INTERDICTION.	DE NOMINATION DES CONSEILS JUDICIAIRES.	DE MAINLEVÉES.			
	25 juin 1839.....			M. Gervais BUISIER, facteur des postes au Mans.	16 mai 1840, jugement qui nomme M. POTTIER GRANDMAISON, Ferdinand, conseil judiciaire, en remplacement du sieur BUISIER, décédé. — 17 juin 1848, autre jugement qui nomme M. GRANDMAISON, avocat, conseil judiciaire.
	4 mars 1843....			Me PEAU-SAINT-MARTIN, avoué au Mans.	
1 juillet 1846...					M. HOUDBERT, juge, administrateur provisoire.
	25 octobre 1849..			Me HÉMON, avoué au Mans.	
4 juin 1851.....	4 février 1851...			Me RICHARD, avocat au Mans.	L'interdiction a été prononcée par arrêt de la cour d'Angers du 4 juin 1851, infirmant le jugement du 18 février précédent.
13 avril 1853					
18 juin 1855.....					
21 août 1855....					

P

NOMS.	PRÉNOMS.	QUALITÉS.	DEMEURES.

P

DATES DES JUGEMENTS			DÉCÈS.	CONSEILS JUDICIAIRES.	*OBSERVATIONS.*
D'INTERDICTION.	DE NOMINATION DES CONSEILS JUDICIAIRES.	DE MAINLEVÉES.			

Q

NOMS.	PRÉNOMS.	QUALITES.	DEMEURES.
QUINET	Pierre		*Saint-Victeur, détenu*

Q

DATES DES JUGEMENTS			DECÈS.	CONSEILS JUDICIAIRES.	*OBSERVATIONS.*
D'INTERDICTION.	DE NOMINATION DES CONSEILS JUDICIAIRES.	DE MAINLEVÉES.			
19 avril 1817					

R

NOMS.	PRÉNOMS.	QUALITÉS.	DEMEURES.
REGOUIN	Jean	Sans profession	*Saint-Jean-d'Assé*
RENOUARD	Joseph	—	*Domfront*
ROUSTAGNENQ	—	Ancien officier de marine	*Le Mans*
ROBERT	Urbain	Ancien tailleur de pierres	*Ecommoy, détenu à l'hospice*
ROYAU, père	Pierre	Ancien notaire	*Saint-Mars-d'Outillé*
RENOUL	Félix	Officier de santé	—
RAGOT	René	Cultivateur	*Sargé*
REBOURS	Louis	Marchand	*Saint-Denis-d'Orques*
RAMEAU	Jean-Nicolas-Marie	Ancien notaire	*Ecommoy, détenu à Charenton*
RICORDEAU, D[lle]	Barbe-Marie-Madelaine	Sans profession	*Pontlieue*

R

DATES DES JUGEMENTS			DÉCÈS.	CONSEILS JUDICIAIRES.	*OBSERVATIONS.*
D'INTERDICTION.	DE NOMINATION DE CONSEILS JUDICIAIRES.	DE MAINLEVÉES.			
30 juin 1806. . . .					
23 juillet 1811. . .					
	28 juin 1823.			BECHET-DESHOURMEAUX, propr. au Mans.	
12 novembre 1825.					
5 décembre 1829.					
29 août 1835. . . .					
28 juillet 1838 . . .					
17 mars 1841. . . .					
9 décembre 1845.					
3 janvier 1855 . .					Me DUBIN, notaire, administrateur provisoire.

S

NOMS.	PRÉNOMS.	QUALITÉS.	DEMEURES.
SARGEUL dit PHILBERT	Louis	Boucher	*Le Mans*
SEGLAIN, Ve GOUSSON	Marie	—	*Le Mans*
SAINT-LOT	Ferdinand-Louis	Propriétaire	*Le Mans*
SALLARD	Adolphe-Auguste-Désiré	Caporal de Carabiniers, en garnison à Cherbourg.	*Le Mans*
SIMON	Paul-Ambroise	Soldat au 11e régiment de ligne, en garnison à Nap.--Vendée.	*Roizé*

DATES DES JUGEMENTS			DÉCÈS.	CONSEILS JUDICIAIRES.	*OBSERVATIONS.*
'INTERDICTION.	DE NOMINATION DES CONSEILS JUDICIAIRES	DE MAINLEVÉES.			
ventôse an XI........ octobre 1811........	29 décembre 1807			Me Baril, avocat au Mans.	20 ventôse an XII, mainlevée de l'interdiction prononcée par le jugement du 24 ventôse an XI; 29 décembre 1807, nomination de conseil judiciaire; 26 octobre 1811, nouveau jugement d'interdiction.
3 janvier 1827...					
	5 janvier 1847...			Me Delorme, notaire au Mans.	
	23 mai 1848.....			Me Pilon, notaire au Mans.	
	22 juin 1852.....			Louis Fournigault, charpentier à Foulletourte.	

T

NOMS.	PRÉNOMS.	QUALITÉS.	DEMEURES.
TOURET	Jean	Cultivateur	*Louplandes*
TOUCHARD, Dlle	Renée	Propriétaire	*Surfonds*
TEFFIER-BERMONT	François-Marie	Propriétaire	*Thorigné*
TETU, Dlle	Françoise-Julie	Journalière	*Le Mans*
TROUVÉ, Dlle	Scholastique	Sans profession	*Coulaines*
TROUILLARD, Fils	René		
THUILIER, Fme CHEVALIER	Catherine	Sans profession	*Le Mans*
TOUTAIN	Laurent	Marchand Libraire	*Le Mans*
TREMEAUX	René	Maçon	*Cures, détenu à l'Asile*
TOUZARD, Dlle	Thérèse		*Courcemont*
TIREAU	François-Julien	Marchand, propriétaire	*Parennes*
TOUCHARD, Fils	Mathurin	Marchand	*Le Breil*

DATES DES JUGEMENTS D'INTERDICTION.	DE NOMINATION DES CONSEILS JUDICIAIRES.	DE MAINLEVÉES.	DÉCÈS.	CONSEILS JUDICIAIRES.	OBSERVATIONS.
8 pluviôse an XIII					
4 mai 1807.....					
	5 juillet 1811 ...			M. Perrotin-Grandville.	
9 novembre 1811					
16 août 1814....					
1 août 1818. ...					
30 août 1824....					
4 août 1827					
1 mai 1839.....					
4 mai 1842.....					
3 novembre 1847.					
	2 mai 1855.....			M. Touchard, père, propriétaire à Coudrecieux.	

U

NOMS.	PRÉNOMS.	QUALITÉS.	DEMEURES.

U

DATES DES JUGEMENTS			DÉCÈS.	CONSEILS JUDICIAIRES.	*OBSERVATIONS.*
D'INTERDICTION.	DE NOMINATION DES CONSEILS JUDICIAIRES.	DE MAINLEVÉES.			

V

NOMS.	PRÉNOMS.	QUALITÉS.	DEMEURES.
VAUGUYON-DUVIVIER, D[lle]	Catherine	Propriétaire	*Le Mans*
VEMERIN	Françoise	Musicienne	*Le Mans*
VOISIN, F[me] GERMAIN	Anne	—	*Parigné-l'Évêque*
VEAU	François	—	—
VALLIENNE, Ve GENAY	Louise-Perrine	Le mari officier de santé.	*Ballon*
VOISIN	René	Propriétaire	*Laigné-en-Belin*
VEILLARD	Joseph	Cultivateur	*Rouessé-Vassé*
VALLIENNE	Joseph-Mathurin	Propriétaire	*Savigné-l'Évêque*
VASSAL, Fils	Ferdinand-Ariste	Propriétaire	*Sainte-Croix*
VEILLARD, Fils	Ernest-René	—	*Le Mans, détenu à l'Asile*
VIZIEN	Eugène	Propriétaire	*Le Mans*

DATES DES JUGEMENTS			DÉCÈS.	CONSEILS JUDICIAIRES.	*OBSERVATIONS.*
D'INTERDICTION.	DE NOMINATION DES CONSEILS JUDICIAIRES.	DE MAINLEVÉES.			
9 vendém. an XIV					
4 frimaire an XIV					
5 juillet 1810...					
3 août 1816....					Sa femme, administratrice provisoire.
6 août 1826....					
7 août 1831....					
2 juillet 1837...					
	20 mai 1843....			M. Lhommeau, md à Savigné-l'Évêque.	
	29 juillet 1843...	17 juillet 1855...		Me Vidal, notaire au Mans.	Le 12 mai 1852, M. Geret, médecin à Sainte-Croix, a été nommé conseiller judiciaire en remplacement de Me Vidal.
8 mars 1845....					
1 août 1847....					

X

NOMS.	PRÉNOMS.	QUALITÉS.	DEMEURES.

X

DATES DES JUGEMENTS			DÉCÈS.	CONSEILS JUDICIAIRES.	*OBSERVATIONS.*
D'INTERDICTION.	DE NOMINATION DE CONSEILS JUDICIAIRES.	DE MAINLEVÉES.			

Y

NOMS.	PRÉNOMS.	QUALITÉS.	DEMEURES.
YVON, D^{lle}........................	Charlotte.................	Sans profession.......	*Saint-Symphorien*................

Y

DATES DES JUGEMENTS			DÉCÈS.	CONSEILS JUDICIAIRES.	*OBSERVATIONS.*
D'INTERDICTION.	DE NOMINATION DES CONSEILS JUDICIAIRES.	DE MAINLEVÉES.			
14 décembre 1852					

Z

NOMS.	PRÉNOMS.	QUALITÉS.	DEMEURES.

Z

DATES DES JUGEMENTS			DÉCÈS.	CONSEILS JUDICIAIRES.	*OBSERVATIONS.*
D'INTERDICTION.	DE NOMINATION DE CONSEILS JUDICIAIRES.	DE MAINLEVÉES.			

NOMS.	PRÉNOMS.	QUALITÉS.	DEMEURES.

DATES DES JUGEMENTS			DÉCÈS.	CONSEILS JUDICIAIRES.	*OBSERVATIONS.*
D'INTERDICTION.	DE NOMINATION DES CONSEILS JUDICIAIRES.	DE MAINLEVÉES.			

NOMS.	PRÉNOMS.	QUALITÉS.	DEMEURES.

DATES DES JUGEMENTS			DÉCÈS.	CONSEILS JUDICIAIRES.	*OBSERVATIONS.*
D'INTERDICTION.	DE NOMINATION DE CONSEILS JUDICIAIRES.	DE MAINLEVÉES.			

NOMS.	PRÉNOMS.	QUALITÉS.	DEMEURES.

DATES DES JUGEMENTS			DÉCÈS.	CONSEILS JUDICIAIRES.	*OBSERVATIONS.*
D'INTERDICTION.	DE NOMINATION DES CONSEILS JUDICIAIRES.	DE MAINLEVÉES.			

NOMS.	PRÉNOMS.	QUALITÉS.	DEMEURES.

DATES DES JUGEMENTS			DÉCÈS.	CONSEILS JUDICIAIRES.	*OBSERVATIONS.*
D'INTERDICTION.	DE NOMINATION DE CONSEILS JUDICIAIRES.	DE MAINLEVÉES.			

NOMS.	PRÉNOMS.	QUALITÉS.	DEMEURES.

DATES DES JUGEMENTS			DÉCÈS.	CONSEILS JUDICIAIRES.	*OBSERVATIONS.*
[D']INTERDICTION.	DE NOMINATION DES CONSEILS JUDICIAIRES.	DE MAINLEVÉES.			

NOMS.	PRÉNOMS.	QUALITÉS.	DEMEURES.

DATES DES JUGEMENTS			DÉCÈS.	CONSEILS JUDICIAIRES.	*OBSERVATIONS.*
D'INTERDICTION.	DE NOMINATION DE CONSEILS JUDICIAIRES.	DE MAINLEVÉES.			

NOMS.	PRÉNOMS.	QUALITÉS.	DEMEURES.

DATES DES JUGEMENTS			DÉCÈS.	CONSEILS JUDICIAIRES.	*OBSERVATIONS.*
D'INTERDICTION.	DE NOMINATION DES CONSEILS JUDICIAIRES.	DE MAINLEVÉES.			

NOMS.	PRÉNOMS.	QUALITÉS.	DEMEURES.

DATES DES JUGEMENTS			DÉCÈS.	CONSEILS JUDICIAIRES.	*OBSERVATIONS.*
D'INTERDICTION.	DE NOMINATION DE CONSEILS JUDICIAIRES.	DE MAINLEVÉES.			

NOMS.	PRÉNOMS.	QUALITÉS.	DEMEURES.

DATES DES JUGEMENTS			DÉCÈS.	CONSEILS JUDICIAIRES.	*OBSERVATIONS.*
D'INTERDICTION.	DE NOMINATION DES CONSEILS JUDICIAIRES.	DE MAINLEVÉES.			

NOMS.	PRÉNOMS.	QUALITÉS.	DEMEURES.

DATES DES JUGEMENTS			DÉCÈS.	CONSEILS JUDICIAIRES.	*OBSERVATIONS.*
D'INTERDICTION.	DE NOMINATION DE CONSEILS JUDICIAIRES.	DE MAINLEVÉES.			

NOMS.	PRÉNOMS.	QUALITÉS.	DEMEURES.

DATES DES JUGEMENTS			DÉCÈS.	CONSEILS JUDICIAIRES.	*OBSERVATIONS.*
D'INTERDICTION.	DE NOMINATION DES CONSEILS JUDICIAIRES.	DE MAINLEVÉES.			

www.ingramcontent.com/pod-product-compliance
Ingram Content Group UK Ltd.
Pitfield, Milton Keynes, MK11 3LW, UK
UKHW020329250726
13967UKWH00004B/1943